BEI GRIN MACHT SICH IHR WISSEN BEZAHLT

- Wir veröffentlichen Ihre Hausarbeit,
  Bachelor- und Masterarbeit

- Ihr eigenes eBook und Buch -
  weltweit in allen wichtigen Shops

- Verdienen Sie an jedem Verkauf

Jetzt bei www.GRIN.com hochladen
und kostenlos publizieren

Gebhard Deißler

Friedensforschung - Kulturelle Paradigmen der Friedensforschung

GRIN Verlag

Bibliografische Information der Deutschen Nationalbibliothek:

Die Deutsche Bibliothek verzeichnet diese Publikation in der Deutschen National-
bibliografie; detaillierte bibliografische Daten sind im Internet über http://dnb.d-
nb.de/ abrufbar.

Impressum:

Copyright © 2013 GRIN Verlag GmbH
Druck und Bindung: Books on Demand GmbH, Norderstedt Germany
ISBN: 978-3-656-56699-1

GRIN - Your knowledge has value

Der GRIN Verlag publiziert seit 1998 wissenschaftliche Arbeiten von Studenten, Hochschullehrern und anderen Akademikern als eBook und gedrucktes Buch. Die Verlagswebsite www.grin.com ist die ideale Plattform zur Veröffentlichung von Hausarbeiten, Abschlussarbeiten, wissenschaftlichen Aufsätzen, Dissertationen und Fachbüchern.

Besuchen Sie uns im Internet:

http://www.grin.com/

http://www.facebook.com/grincom

http://www.twitter.com/grin_com

Transcultural Management

Gebhard Deißler D.E.A./UNIV. PARIS I

Friedensforschung

Kulturelle Paradigmen der Friedensforschung

CULTURE RESEARCH

KULTUR FORSCHUNG

RECHERCHE CULTURE

BÚSQUEDA CULTURAL

RICERCA CULTURALE

跨文化的智慧精髓

Итранскультурная

Interkulturelles - u. Transkulturelles Management (German)

Intercultural &Transcultural Management (English)

Gestion Interculturelle et Gestion Transculturelle (French)

Gerencia Intercultural y Gerencia Transcultural (Spanish)

Gerência Intercultural e Gerência Transcultural (Portuguese)

跨文化的智慧精髓 - kua wen hua de zhi hui jing sui (Chinese)

транскультурная компетенция - transkulturnaja kompetencija (Russian)

toransukaruchā ・ manējimento (Japanese)
トランスカルチャー ・ マネジメント

Vishua Chaytana (Sanskrit)

Frieden durch kulturelle Abrüstung

„Si vis pacem para bellum"

versus

« Si vis pacem para pacem »

(Basierend auf dem obigen römisches Sprichwort)

Der Begriff der Friedenssicherung durch Abrüstung wird herkömmlicherweise für den Bereich der militärischen Abrüstung, insbesondere der strategischen Abrüstung verwendet, da der Bereich der strategischen ABC-Waffen das größte Risiko für die Auslöschung der Menschheit in Teilen oder insgesamt darstellt und immer noch darstellt. Mit der technologischen Weiterentwicklung und dem Wiederaufleben zeitüberdauernder kultureller Verwerfungen sind inzwischen noch weitere strategisch relevante Waffen, wie beispielsweise der fundamentalistisch basierte Terrorismus auf die Weltbühne getreten, der Selbstmordkommandos für unabsehbare Zerstörungen neuralgischer Schaltstellen der menschlichen Gesellschaft einsetzen kann oder der globale Informationskrieg in der digitalen Welt, der ebenso nationale und globalen Katastrophen heraufbeschwören kann. Darüber hinaus gibt es eine Anzahl von menschlich bedingten Szenarien – insbesondere in diversen wissenschaftlichen und Forschungsbereichen – die ebenso, auf Grund der zügelloskompetitive Wissenschaftskultur, ein Risiko für die planetare Heimat des Menschen darstellen.

Alle materiellen Bedrohungsszenarien gründen also in der menschlichen Psyche und ihren Abgründen, insbesondere im menschlichen Konkurrenzgebaren mit seinen Mitmenschen, das kulturell verstärkt, die Auslöschung von Mitmenschen und anderen Kulturen, in den Augen der Akteure zu legitimieren scheint, ja sogar bereit ist, das Risiko unberechenbarer Risiken für die Menschheit im Zeichen der Wissenschaft in Kauf zu nehmen.

Eine materiell-politische Abrüstung erfordert also zunächst eine Abrüstung im Bereich des menschlichen Bewusstsein, jener Psyche des Menschen, die vor allem auf interpersonalem, interkulturellem Wettstreit beruht, der, so lehrt es die Geschichte, intra- oder interkulturell, zyklisch in die Weiterführung des psychosozialen Krieges mit anderen Waffen eskaliert. Diese Eskalationsprozesse sind weitgehend unkontrollierbar und gehen gleich einem Aufzug ohne Halteknopf vonstatten, wie es schon von Clausewitz festgestellt wurde. Eine Kontrolle oder Prävention solcher Prozesse würde also die Entwicklung von Instrumenten des psychologischen Prozessmanagement im menschlichen Bewusstsein erfordern.

Schaut man jedoch z. B. nach Asien, so erkennt man, dass es dort seit zweieinhalb tausend Jahren bis zum heutigen Tag vor allem um die Frage der Verfeinerung der Kriegslist geht, um die Konfliktprozesse jeglicher Steuerung und Kontrollierbarkeit zu entziehen. Es wurde erkannt, dass aller Krieg zunähst ein psychologischer Krieg ist. Von Sun Tzu bis Mao hat man erkannt, dass die Summe der geistig-materiellen Faktoren den Verlauf der Konflikte bestimmt und dass die Information über die Konfliktparteien, zusammen mit der Moral, die eigentlichen Determinanten des Kriegsverlaufs sind. Hier, insbesondere in den konfuzianischen Kulturen Asiens, hat man also die soziopsychologische Dimension des Konfliktmanagements schon vor Millennia erkannt und auf dieser Erkenntnis eine strategische Kultur der entsprechenden Art entwickelt.

Blickt man in den amerikanischen Westen, so schien man insbesondere im Bereich der nuklearen Eskalationstheorie von einer relativ linearen Planbarkeit von internationalen Konflikten auszugehen. Die jüngere Erfahrung der USA, beginnend mit dem Vietnam Debakel und den Fiaskos auf anderen Schlachtfeldern der Welt, hat aber, so scheint es, ein Umdenken in der amerikanischen Strategie herbeigeführt, dergestalt, dass die Information und die Kulturkompetenz allgemein, sowie auch die Schlachtfeldkultur heute höher bewertet werden. Die imperialen Mächte, Frankreich in Indochina, die USA in Vietnam und die Briten in Britisch India, ja selbst Napoleon, ebenso wie Hitler in Russland, wenn man die physische Kultur miteinbezieht, mussten trotz materieller Stärke vor kulturellen Faktoren kapitulieren. Sowohl in den Kriegen, als auch in deren Vorphase, wie auch der Prävention, spielt die geistige, die psycho-kulturelle Dimension, eine zentrale Rolle.

Alles Menschliche hat seinen Ursprung im menschlichen Geist, die Produktion von Waffen ebenso, wie auch deren Einsatz oder Nichteinsatz. Die Ursachen aller menschlichen Phänomene sind primär im menschlichen Geist zu suchen. Letztendlich handelt es sich also um kollektivierte psychische Prozesse, die man unter dem Begriff kulturell zusammenfassen kann. Jegliche Steuerung und Prävention von Konflikten beginnt also im kulturellen Bereich. Hier findet die wahre Abrüstung ebenso, wie die Aufrüstung und Eskalation kalter in heiße Konflikte statt.

Kulturelle Abrüstung entzieht dem Konflikt den Boden und die Nahrung. Kulturelle Aufrüstung dagegen gießt Öl ins Feuer und macht aus Scharmützeln bisweilen Flächenbrände.

Sind die kulturellen Programme der menschlichen Zivilisation Programme der Selbstvernichtung der Menschheit oder können sie gesteuert werden? Dies hängt von den Werten ab, die in der Sozialisierung der Nachfolgegenerationen vermittelt werden. Aufgrund der die menschlichen Einstellungen und somit Verhaltensweisen bedingenden Werte kann man Konflikte lange vor ihrer Entstehung steuern, ihre Art und ihre Intensität, ihre Zustandekommen und ihr Nichtzustandekommen. Sozialisiert man die Menschen explizit für den Konflikt, so wird die Sozialisierung zu einem Konflikt generierenden Kampfinstrument, wie es in der Hitlerzeit geschehen ist. Die fundamentalistische Sozialisierung unserer Zeit, in gewissen Teilen der Welt, ist eine alte und nun wieder moderne Version der Kriegssozialisierung. Kulturpsychologisch sind Dschihad und der Hitlerfaschismus, z. b. in seinem Ausdruck durch die Hitlerjugend, durchaus vergleichbare soziokulturelle Phänomene. Die ideologische Indoktrinierung des Kommunismus erfüllt(e) dieselbe Funktion der Kriegssozialisierung. Sie unterscheiden sich im Grad und der Form, aber nicht unter dem Blickwinkel des sie steuernden Bewusstseinsprinzips oder der psychologischen Gesetzmäßigkeit, die wir als kulturell identifiziert haben. Die Mechanismen der menschlichen und kulturellen Konditionierung und deren Verstärkung sind, beginnend mit Physiologen, wie Pawlow, über Psychologen, wie Skinner, bis zur modernen sozialanthropologischen Kulturforschung, eingehend erforscht worden.

Aber nicht nur die extreme, explizite Konfliktsozialisierung (i. e. Konflikt generierende Sozialisierung) des Menschen und der Völker, sondern auch die gängige kulturelle Sozialisierung kann eine Konfliktsozialisierung sein, wenn der Ethnozentrismus und Partikularismus durch deren hohe Wertpriorisierung destruktiv dynamisiert werden, während die ethische Dimension und Rechenschaftspflichtigkeit an Bedeutung verliert, wie es in den säkularisierten Gesellschaften unserer Zeit der Fall ist. Die ethnozentrischen Partikularismen werden durch die ethische Entkopplung und den ethischen Werteverlust in Konfliktkulturen umprogrammiert. Die Ethnozentrismen werden somit zur einzigen und höchsten Wertepriorität, die das menschliche Verhalten determiniert. Ethische Relativierung, partikularistischer Ethnozentrismus und materielle Präkarität können dann ein Scharmützel eskalieren lassen. Der fundamentalistische Fanatismus potenziert die Konfliktprozesse noch mehr als die ethische Relativierung, weil er gezielter als der Relativismus operiert.

„Si vis pacem para bellum" mag der Abschreckung dienen, die, insbesondere in der Nuklearzeit, auch auf dem psychologischen Prinzip der dem Feind glaubhaft gemachten Fähigkeit der Zufügung intolerablen Schadens und einer unverwundbaren Zweitschlagkapazität beruht, aber „si vis pacem para pacem" ist eine strategisch bedeutsame Sozialisierung, die Friedenskulturen bewirken kann, weil ihr höchster Wert in der Erhaltung des Friedens besteht. Die Kulturen müssen sich also daran messen lassen, woran sie die Geschichte messen wird, das heißt an der Beantwortung der Frage, inwieweit sie Friedenskulturen als erstrangigen Wert in ihrer Sozialisierung gesät haben und somit den Frieden ernten werden oder aber durch ihre Sozialisierung das Terrain für eskalierende Konfliktspiralen begünstigt haben.

Strategische kulturelle Abrüstung, die nachhaltige gesamtstrategische Abrüstung zur Folge hat, besteht also in der Herbeiführung von Friedenskulturen im Wege der menschlichen Sozialisierung, die den Frieden und die aktive Friedenspolitik und Friedensstiftung zuoberst auf ihre Banner schreibt. So sicher, wie die Nacht dem Tag folgt und umgekehrt werden solche Kulturen die Saat des Friedens ernten, die sie gesät haben. Ebenso trifft der Umkehrschuss zu, dass die Saat des Konflikts gleichermaßen aufgeht. Was man sät, das wird man ernten. Es ist das kulturelle Gesetz der Aufrüstung und der Abrüstung gleichermaßen, das politische Auf- und Abrüstung und somit Krieg und Frieden bedingt. Wenn der Mensch nicht bereit ist, an einer Friedenskultur zu arbeiten, so zeugt dies davon, dass in seinem Bewusstsein noch eine andere, höhere Wertpriorität der Nichtfriedfertigkeit aktiv ist. Der Frieden und eine Friedenskultur können erst keimen, wenn das geistige Terrain dafür vorhanden ist. Und dieses Terrain ist kultivierbar, ebenso, wie die Erde, die dann in Einklang mit der Saat Gutes oder Schlechtes hervorbringt. Zusammen bedingen sie das Leben der Menschen

Jede Kultur entscheidet, welche Priorität sie dem Friedensmotiv einräumt und kann somit Mitgestalter einer Welt des Friedens oder aber des Krieges werden. Darin besteht das kulturelle Friedensprinzip und somit einer Form der friedensstiftenden und bewahrenden Abrüstung vom Ursprung der Dinge her. Und darin besteht auch die Ordnung des Bewusstseins, das die Mittel zur Steuerung der Prozesse des

Menschlichen bereitstellt, obschon sie auf Widerstände treffen wird, die aber aufgrund der geistigen Gesetzmäßigkeit überwunden werden können, ja sogar die von einigen angeführte Vermutung, dass der konträre Pol des Friedens, also der Krieg, in gewisser Weise mit der Friedenswertpriorisierung mitaktiviert wird, da Krieg und Frieden gewissermaßen ein Kontinuum bilden, wobei ein Pol dieses Kontinuums mit dem anderen in Wechselwirkung steht. Doch das unablässige Bemühen kultureller Akteure angesichts dieser Dialektik findet irgendwann das „Ohr des Schöpfers", der diese Dualität des Menschlichen als sinnvoll und als Ansporn des Menschen geschaffen hat. Dadurch kann er sich des hohen Wertes des Friedens als wirklich würdig erweisen. Und ein so kostbares Gut wie der Frieden ist menschlich ohnehin nicht realisierbar.   Der wahre Frieden ist daher der das Kontinuum und die Dialektik übersteigende göttliche Friede. Er ist ein Geschenk dessen, der der alleinige Friedensfürst ist, ohne den es keinen Frieden und keine Friedenskulturen geben kann. Dies sollte bei aller Friedensforschung, Friedenssozialisierung und Bemühung nicht aus den Augen verloren werden. Es macht den Menschen demütig und bereitet den Humus für gestaltende Friedenswerte auf, die ihre Krönung im folgenden Bibelwort finden:

Den Frieden lasse ich euch, meinen Frieden gebe ich euch. Nicht gebe ich euch, wie die Welt gibt. Euer Herz erschrecke nicht und fürchte sich nicht.

Johannes 14, 27

Menschlicher und göttlicher Friede sind untrennbar im Hinblick auf die Ursehnsucht des Menschen und ihre Erfüllung. Und darin besteht der wahre Friedenswert, der menschliche Friedensbemühung vollenden kann. Denn Äonen menschlicher Friedensanstrengungen konnten keinen dauerhaften Frieden bewirken, da er nicht allein durch den Bereich des Menschlichen bedingt ist, sondern in letzter Instanz ein

Geschenk Gottes ist. Die kulturelle, soziopsychologische und die komplementäre, ja prioritäre eschatologische Dimension vollenden daher den Frieden.

Erst wenn der Mensch die Erkenntnis gewinnt, dass die Kultur als ambivalentes Instrument, entsprechend einer weiterführenden Sozialisierung mit einer kulturellen Friedenswertpriorisierung, als interkulturell integratives, statt desintegratives Instrument genutzt werden kann, erscheint die Perspektive einer realen Friedenskultur am Horizont des menschlichen Bewusstsein, während sie in der Praxis häufig als Waffe umkonstruiert wird, um individuelle und kollektive Agenden durchzusetzen. Auf der Basis dieser möglichen Tugend- und Lasterspiralen müssen die Gesellschaften sich klar zur Friedensfunktion der kulturellen Sozialisierung bekennen und unablässig um ihre Verankerung in allen Phasen der Sozialisierung, beginnend mit der primären, in der zartesten Jugend, über die Skolarisierung und Bildung ebenso, wie im beruflichen Alltag bemüht sein. Man muss ihr einen Stellenwert wie der technisch-wissenschaftlichen Sozialisierung einräumen, da die Abwesenheit des Friedenswertes alle Bemühungen im Bereich der technologischen Entwicklung höchster Sophistikation über kurz oder lang reversibel macht.

Eine langfristige Betrachtung des Sachverhalts zwingt die menschliche Logik, dies unter dem Eindruck der friedlosen Geschichte der Menschheit anzuerkennen und daher die rechte Priorisierung und ihre soziale Implementierung vorzunehmen. Das heißt, man muss den kurzfristigen Materialismus, der alles an sich reißen will, auch in der Gestalt der Agenden des finanziellen Libertinismus und kurzfristigen Finanzkapitalismus, der ganze Gesellschaften über Nacht in einen Kreislauf des finanzwirtschaftlichen Chaos hineinziehen kann – und wir leben gegenwärtig in so einer Phase – durch eine längerfristige, ethisch nicht relativierte, ganzheitlichere und somit rechenschaftspflichtigere Sichtweise ergänzen, deren Auswirkungen weniger destruktiv und revisibel sind.

Die martialische Natur des kämpferischen Menschen kann in andere kreative Bereiche umkanalisiert werden, so dass keinerlei Verdrängungen und Probleme von dieser Seite her entstehen. Dies mag idealistisch und theoretisch klingen. Doch die Axiomatik der kulturellen Sozialisierung ist mittlerweile sehr gängig. Das Wissen ist schon lange vorhanden, doch der kulturelle Wert des Friedens findet noch immer nicht die erforderliche Resonanz in unserer kompetitiven Gesellschaft um jeden Preis, intra- wie interkulturell. Eine historische Evidenz basierte, explizite Friedenssozialisierung kann hier behilflich sein. Der Wert des Friedens versieht das ambivalente, potentiell desintegrative Potential der interpersonalen und intergruppen, interorganisationalen und internationalen/interkulturellen Kultur mit einer integrativen Dynamik. Er transformiert die Wahrnehmung von Antagonismen in potentielle Komplementaritäten und nutzt den synergetischen kulturellen Kreislauf der kulturellen Diversität als Kreativitäts- Innovations- und Wohlstandsfaktor in einem Nichtnullsummenspiel für die betroffenen Akteure. Einheit und Dualität der Diversität bilden ein Kontinuum der menschlichen Erfahrung des Menschlichen, das der Integration bedarf. Friedenssozialisierung vermittelt die Fähigkeit der Integration dieses Kontinuums, deren beide Pole komplementäre Aspekte des Menschlichen sind. Die Realisierung des Dictums

„Si vis pacem para pacem"

mit seiner soziokulturell friedenstiftenden Wirkung wird über die explizite Priorisierung des Friedens als sehr hoher kultureller Wert in die Wege geleitet und ein radikaler Bewusstseins- und somit gesellschaftlicher Wandel eingeleitet.

Da der Mensch als Abbild Gottes und Quelle des Friedens für den Frieden geschaffen ist wird sein Abweichen davon, was letztendlich die Nichtrealisierung des höchsten christlichen Gebotes der Gottesliebe und der Nächstenliebe und die Erfüllung des Gesetzes Gottes der Schöpfungsordnung und des Menschen verkörpert, solange in Konfliktspiralen führen, bis dieser Sachverhalt Gehör und Befolgung findet.

Der erleuchtende Bewusstseinswandel, der maßgebliche direkte oder indirekte Kriegsakteure von Kriegs- in Friedensakteure transformiert, ist daher verständlich, beginnend mit der die christliche Lehre erfüllenden Transformation des Saulus in Paulus oder des US Generals der Pazifikstreitkräfte Douglas MacArthur in einen Friedensstreiter, des Friedensartikels 9 der japanischen Verfassung, Einsteins Erkenntnis aufgrund seiner wissenschaftlichen Vorarbeit für strategische Waffen etc. Dies geschah unter dem Impakt der zeitlichen und überzeitlichen Evidenz, denen diese Akteure unausweichlich ausgesetzt waren.

Schließlich kann der Wert des Friedens gar nicht hoch genug bemessen werden. Seine zeitliche und überzeitliche Dimension rückt ihn den Bereich der Mysterien der Schöpfung, die sich dem Menschen nur unvollkommen erschließen und daher seine spirituelle Dimension ebenso, wie die kulturanalytische involvieren, denn

Selig sind die Friedfertigen; denn sie werden Gottes Kinder heißen.

Matthäus 5, 9: